für
Annemarie und Peter

Eva Mutscher

Vom Geheimnis der kleinen Traurigkeit

oder

die Wiederentdeckung der Lebensfreude

mit Illustrationen
von Barbara Trapp

Bist du manchmal traurig? Dann ist es Zeit für ein Märchen. Weit von hier liegt zwischen schroffen Bergen ein kleines Tal. Der einzige Pfad, der hineinführt, ist so schwer zu finden, dass noch kein Mensch dieses Tal betreten hat. Und doch ist es nicht unbewohnt. An den grünen Hängen der gewaltigen Berge liegen verstreut sieben Häuschen, die sind so verschieden, dass du es dir kaum vorstellen kannst. Willst du wissen, wer darin wohnt? Ich werde es dir verraten. Das erste Häuschen steht inmitten einer duftenden Wiese. Jede Wand strahlt in einer anderen Farbe, das Dach leuchtet purpurrot. Blumen drängen sich an der warmen Hausmauer und recken sich der Sonne entgegen. Der Bach, der vorbei gurgelt, ist so klar, dass sich der Himmel darin spiegelt. Natürlich - nur die Freude kann hier zu Hause sein. Ein Weg führt zur zweiten Bewohnerin des Tals. Im Schutz dunkler Tannen hat sich am Waldrand die Verzweiflung niedergelassen und ihre Bleibe in einem schwarzen Loch eingerichtet. Kein Vogel lässt sich in der Nähe nieder und kein Sonnenstrahl verirrt sich bis zu ihr. Rund um das Loch ist es kalt und still. In gebührender Entfernung steht ein weiteres

Häuschen. Das glänzt so prächtig, dass es einen weiten Teil des Tals erhellt. Aus den geöffneten Fenstern sprühen farbenfroh leuchtende Funken bis in den Garten. Sogar der Schornstein spuckt von Zeit zu Zeit bunt glitzernden Sternenregen in die Höhe. Keine andere als die Begeisterung ist hier am Werk. Ein Stück weiter steht eine zerfallene Kate. Die Scheiben der Fenster sind zerborsten und blutrote Flammen züngeln daraus hervor. Hier lodert der Hass in seiner Behausung. Seine Nachbarin, die Wut, steht ihm in nichts nach. Hinter den Wänden brodelt es so heftig, dass das Haus fast aus den Nähten platzt. Aus allen Fugen quillt giftiger, gelber Rauch. Wie anders sieht es bei der Hoffnung aus! Ihr Häuschen am Ende eines Regenbogens schimmert in zarten Farben. Immer wieder durchbricht ein Sonnenstrahl die Wolken, um das Haus zu besuchen. Ganz hinten im Tal, im Schatten der Berge, steht eine windschiefe Hütte. Sie wirkt recht kümmerlich. Eine wehmütige Melodie streicht durch den Garten, in dem blassblaue

Glockenblumen sanft ihre hängenden Köpfchen wiegen. Hier ist die kleine Traurigkeit zuhause. Sie fühlt sich wohl in ihrem Heim, summt traurige Melodien und seufzt ein bisschen. Manchmal stöhnt sie auch und ist mit sich und ihrem kleinen Tal zufrieden, und mit den Menschen, die im Dorf auf der anderen Seite der Berge leben. Du musst wissen, dass die Bewohner des Tals die Menschen im Dorf mögen und ihnen deshalb regelmäßig einen Besuch abstatten. Auch die kleine Traurigkeit macht sich ab und zu auf den Weg dort hin. Und das nur, weil sie die Menschen liebt. Du schaust so verwundert … Ich gebe zu, auch ich konnte es kaum glauben – bis ich von der Geschichte erfuhr, die sich in dem Tal und dem Dorf hinter den schroffen Bergen zugetragen hat. Wenn du möchtest, erzähle ich sie dir:

Eines Tages zog der junge Morgen durch das Tal, um Tautropfen auf Gräsern und Blüten zu verteilen. Er fand die kleine Traurigkeit zusammengesunken im Garten, ihr Kleid hatte die Farbe eines grauen Regentages und ihre Augen waren riesengroß und unendlich traurig. „Ich wünsche dir einen guten Tag, kleine Traurigkeit. Warum lässt du den Kopf hängen, als wärst du verzweifelt? Du bist doch nur eine kleine Traurigkeit." „Ich sehne mich danach, die Menschen zu besuchen. Schon lange war ich nicht bei ihnen, sie mögen mich nicht", antwortete die kleine Traurigkeit und seufzte. „Es ist meine Aufgabe, von Zeit zu Zeit nach ihnen zu sehen und sie ein Stück zu begleiten. Aber sie haben mich vertrieben. Warum nur?" „Hast du sie zu oft besucht?", überlegte der junge Morgen und wollte helfen. „Wenn ich dir einen guten Rat geben darf, dann versuche es noch einmal. Sie brauchen dich, bestimmt." „Ach nein", entgegnete die kleine Traurigkeit, „das kann ich nicht glauben. Ich war so sicher, dass der Bauer mich aufnimmt. Er hat beim Hagelschauer seine Ernte verloren. Aber er ließ seinen Hof und die Tiere einfach im Stich und fuhr in die Stadt, um dort zu feiern. Er wollte mich im Wein ertränken, nur mit Mühe konnte ich entkommen." „Das tut mir wirklich leid für dich. Aber ich muss mich sputen." Der jun-

ge Morgen schenkte den Glockenblumen einige Tautropfen und wanderte weiter. Als die Mittagssonne auf die Hütte am Ende des Tals schaute, bemerkte auch sie, wie niedergeschlagen die kleine Traurigkeit war. „Ich schicke dir warme Grüße, kleine Traurigkeit. Warum summst du keine traurigen Lieder mehr?" „Ich sehne mich danach, die Menschen zu besuchen. Du weißt, wie schön es bei ihnen ist. Dich wollen sie am liebsten jeden Tag sehen, mich mögen sie nicht." „Oh, das ist furchtbar!", rief die Mittagssonne. „Ich kann es kaum glauben! Willst du nicht noch einen Versuch wagen und mit mir ins Dorf kommen?" „Lieber nicht! Weißt du, ich habe vor einer Weile die kleine Susanne besucht. Sie hatte ihre Puppe Loni verloren, es war ihre allerliebste. Ich wollte das Mädchen gerade umarmen, da schob mich die Mutter beiseite und zog ihre Tochter in ein Geschäft. Dort kaufte sie ihr eine neue Puppe. Da war für mich kein Platz." „Das tut mir leid für dich. Doch ich muss weiter." Die Mittagssonne wärmte das Gesicht der kleinen Traurigkeit, dann wanderte sie über die Berge nach Westen. Auch der Abendstern erblickte die kleine Traurigkeit, die stumm und einsam vor ihrer Hütte saß. „Ich grüße dich, kleine Traurigkeit. Es sieht so trostlos um dich aus. Was ist geschehen?" „Ach Abendstern, ich sehne mich danach, die Menschen zu besuchen. Nur ab und zu." „Willst du mich vielleicht begleiten? In der Dunkelheit sehen sie dich nicht. Komm mit mir!" Die kleine Traurigkeit seufzte: „Wie gern würde ich das tun. Doch ich fürchte, dass es keinen Zweck hat. Neulich hatte ich vor, nach dem alten Bäcker zu sehen, aber die Backstube war verschlossen. Du weißt, wie stark er immer war. Alles wollte er alleine schaffen und konnte es nicht ertragen, dass seine Kräfte nachließen. Aber anstatt mich einzulassen, nahm er alles Geld aus der Kasse und verschwand, keiner weiß wohin. Du siehst, was auch geschieht, niemand will mich." „Das tut mir leid für dich. Doch ich bin spät dran." Der Abendstern schickte der kleinen Traurigkeit einen silbernen Strahl und hüllte sie in einen sanften Schlummer. Von weit oben blickte er über die Berge zum

Dorf und machte sich seine Gedanken.
Am nächsten Morgen fühlte sich die kleine Traurigkeit ausgeruht und weil es ein herrlich trüber Nieselregentag war, beschloss sie, etwas zu unternehmen. Um ihre Sehnsucht nach den Menschen zu vergessen, wollte sie ihre Nachbarn besuchen. Sie schlüpfte in ihr regengraues Kleid, wusch sich mit ein paar Tränen den Schlaf aus den Augen und machte sich auf den Weg. Die Tür im Häuschen der Hoffnung war weit geöffnet, doch sie selbst war nicht zu finden. „Ach ja", seufzte die kleine Traurigkeit, „der junge Morgen wird sie abgeholt haben, die sind doch meistens zusammen unterwegs." Sie schlurfte durch die Räume, die in hellen Perlmuttfarben schimmerten, und sah sich um. Die Einrichtung wirkte zerbrechlich, Formen und Farben waren fein und zart. ‚Manche haben einen seltsamen Geschmack …', dachte die kleine Traurigkeit. ‚Da lob ich mir meine tristen Wände und die kleine, graue Regenwolke über meinem Dach.' Ein laues Lüftchen spielte mit den Gardinen, die wie Schleier an den Fenstern schwebten. Dann schaute ein Sonnenstrahl zum Fenster hinein. „Wenn ich mir schon

mal was vornehme ... prompt kommt die Sonne raus", stöhnte die kleine Traurigkeit, die ihren Schirm vergessen hatte. „Aber nun bin ich einmal unterwegs... " Da die Hoffnung noch immer nicht zurückgekehrt war, spazierte die kleine Traurigkeit weiter durch das Tal und kam in die Nähe der Behausung, in welcher der Hass lebte. In respektvollem Abstand beobachtete sie, wie die züngelnden Flammen aus den Fenstern schlugen und sie hörte, wie der Hass durch die Räume tobte. Als nach einer Weile die Flammen kleiner wurden, flog die Tür auf und der Hass stürzte heraus. Gierig schaute er sich um und zischte: „Wo ist neue Nahrung für mein Feuer? Ich will die Glut so lange schüren, bis die Flammen wieder lodern!" Die kleine Traurigkeit hatte keine Lust, sich an dem ungezügelten Gesellen zu verbrennen und suchte eilig das Weite. Aber im Nachbarhäuschen war es kaum besser. Im Inneren wütete es dermaßen, dass sich das Dach hob und krachend zurück auf die Mauern fiel. Die Tür platzte auf und gur-

gelnd, mit Schaum vor dem Mund, sprang die Wut heraus. Sie knallte mit der Tür, dass es im ganzen Tal donnerte und tobte über die Berge in Richtung Dorf, ohne auf die kleine Traurigkeit zu achten. Bald war nur noch ein giftig-gelber Schwaden zu sehen. Die kleine Traurigkeit schaute ihr nach und dachte: ‚Wahrscheinlich wird sie nicht lange fragen, ob sie willkommen ist. Aber die Menschen so zu überfallen - das schaffe ich niemals, und das will ich auch nicht.' Sie spazierte weiter und hörte bald die trällernde Stimme der Begeisterung, die in ihrer Küche eine Portion Tatkraft, verschiedene Einfälle, eine große Schaufel Ausdauer und jede Menge lustige Gedanken zusammenrührte. Gleich darauf schoss ein glitzernder Ideenregen aus dem Schornstein und tausend funkelnde Sternchen schwebten zur Erde. Ein paar blieben am Kleid der kleinen Traurigkeit hängen. Schnell wischte sie die schillernden Spuren beiseite, denn sie duldete keinen Schmutz auf dem reinen Grau. Dann hielt sie sich die Hand über die Augen, damit das Strahlen der Begeisterung sie nicht blenden würde und klopfte an. Die Begeisterung öffnete mit solchem

Schwung die Tür, dass sie fast aus den Angeln fiel und begrüßte die kleine Traurigkeit überschwänglich. „Wie reizend, dass du mich besuchst, mein Kind! Du weißt, dass du mich sonst nicht störst, klein, wie du bist, aber heute kommst du unpassend. Ich hab so viel zu tun. Gerade wollte ich losdüsen, um ein paar Farben für Julius, den Maler einzusammeln. Er braucht mich dringend, wenn er sein Stillleben vom Wald endlich beenden will. Nebenbei muss ich die halben Töne einfangen, die dem Geiger für sein neues Liebeslied fehlen. Aber wenn du magst, dann mach es dir hier so lange gemütlich, bis ich wieder da bin." Sie hatte kaum zu Ende gesprochen, da war sie auch schon davon gebraust. Die kleine Traurigkeit zögerte, wagte dann einen Blick in die Küche und wich erschrocken zurück. Keine fünf Minuten würde sie es hier aushalten. Der ganze Raum strahlte. Abwechselnd sprühten rote und blaue Funken aus Flaschen, Krügen und Töpfen und in einer Ecke zündeten unablässig neue Ideen. „Sie ist wirklich nett,

aber das hier ist nichts für mich", murmelte die kleine Traurigkeit und marschierte mit hängenden Schultern weiter durch das Tal. Als die Vögel verstummten und ein kühler Windhauch sie einhüllte, wusste die kleine Traurigkeit, dass sie in die Nähe der Verzweiflung gekommen war. Die hohen Tannen warfen lange Schatten in das Tal und machten den Weg düster. Das gefiel ihr, denn nun wirkten Büsche und Blumen, Gräser und Steine beruhigend grau. Sorglos lief sie weiter. Bald wurde es kälter und unnatürlich still. Schließlich schien es ihr, als wäre alles Leben ringsherum erstarrt. Schaudernd überlegte die kleine Traurigkeit, ob sie wirklich bei der Verzweiflung einkehren sollte. Zwar war diese eine entfernte Verwandte, aber sie hatte noch nichts Gutes von ihr gehört. Eine grauenvoll klagende Stimme riss sie aus den Gedanken und ließ sie erschrocken stehen bleiben. „Komm näher, mein Kindchen!" Die Töne quälten sich aus dem schwarzen Loch und umspannen die kleine Traurigkeit wie ein Netz. „Schon lange warte ich auf dich. Du bist mir von allen Nachbarn die Liebste. Warum besuchst du erst jetzt deine alte Urgroßtante?" Der kleinen Traurigkeit wurde bange ums Herz. Höflich wie sie war, hätte sie gern eine wunderschöne, traurige Melodie gesummt, um die Alte in ihrem Loch zu unterhalten, aber ihr Hals war wie zugeschnürt. „Was ist? Warum stehst du wie erstarrt vor meinem trauten Heim? Komm herunter und lass dich umarmen! Schon ewig konnte ich niemanden in meine Arme schließen." Die kleine Traurigkeit rang mit sich. Sie wollte nicht abweisend sein, schließlich stand ihr die Verzweiflung verwandtschaftlich näher als die Freude. Doch ihr war so unheimlich zumute, dass sie wie angewurzelt stehen blieb. „Komm, meine süße Kleine", lockte die wimmernde Stimme aus der Tiefe, „ich habe große Pläne mit dir. Wenn du bei mir bleibst, werde ich für dich sorgen. Dann wirst du groß und wir können gemeinsam im Dorf herrschen. Du willst doch zu den Menschen, nicht wahr?" Die kleine Traurigkeit wurde unsicher. Es klang verlockend, im Dorf zu regieren, doch sie zögerte. Mit ihrer

Urgroßtante, dem heulenden Elend aus dem Loch, wollte sie keine gemeinsame Sache machen. Als sie spürte, dass klebrige Finger nach ihr griffen und sie zum schwarzen Loch hin zogen, begann sie sich zu wehren. Niemals, das wurde ihr plötzlich klar, würde sie den Menschen so etwas antun. Immer stärker wurde der Sog und immer stärker kämpfte die kleine Traurigkeit dagegen an. Ihre Kräfte wurden schwächer, ihr schmächtiger Körper konnte den verlangenden Händen, die wie Kletten an ihr klebten, kaum noch widerstehen. Sie kam dem tiefschwarzen Loch immer näher. Gerade als sie glaubte, hinab stürzen zu müssen, wich der Schatten und es wurde blendend hell. Die Begeisterung sauste rittlings auf einem Sonnenstrahl durch die Bäume, immer noch auf der Suche nach den schönsten Farben. Als sie die kleine Traurigkeit entdeckte, lenkte sie den Sonnenstrahl in ihre Richtung und rief: „Halte dich fest, ich ziehe dich heraus!" Die widerlichen Finger lösten sich wehklagend, als hätten sie sich verbrannt und glitten zurück zur Verzweiflung, die sich in der Tiefe die Haare raufte. „Das wäre beinahe schief gegangen", rief die Begeisterung, die bereits wieder unterwegs war. „Ich bin froh, dass ich dir helfen konnte. Überleg dir beim nächsten Mal, wen du besuchst." „Ich danke dir", seufzte die kleine Traurigkeit kleinlaut und lief mit schnellen Schritten davon. Als sie weit genug entfernt war, ließ sie sich im Gras nieder um auszuruhen. Sie schüttelte sich bei der Erinnerung an die gierigen Hände und beschloss, der Freude einen Besuch abzustatten, bevor sie heimkehrte. Schon von weitem hörte sie die Musik. Im Garten tanzten schillernde Insekten einen Reigen durch die Blumenpracht. Die Vögel schwebten wie schwerelos im Blau des Himmels und wenn sie sich auf dem Dach niederließen, tirilierten sie aus voller Kehle. Die kleine Traurigkeit kam näher und schritt durch den Torbogen, der über und über mit Blüten geschmückt war. Girlanden wiesen den Weg zum breiten Eingang des Hauses, in dem es kein Schloss und keinen Riegel gab. „Hereinspaziert, hereinspaziert, meine Liebe!" Die Freude eilte herbei, um den Gast fröhlich zu begrüßen.

Sie hatte sich so herausgeputzt, dass die kleine Traurigkeit gelächelt hätte, wenn es nicht gegen ihre Natur gewesen wäre. Das Kleid der Freude leuchtete in kräftigem Rot und war mit unzähligen Rüschen besetzt. Sie drehte ausgelassen eine Runde durch das Zimmer und bot der kleinen Traurigkeit appetitlich duftende Speisen an, die zwischen Blumen und Kerzen auf dem Tisch standen. „Ich wollte nicht stören. Es sieht aus, als erwartest du Gäste. Feierst du ein Fest?", fragte die kleine Traurigkeit und beobachtete aus den Augenwinkeln, wie überschäumende Fröhlichkeit aus Kisten und Truhen, aus Schränken und Schubladen quoll. „Was für eine Frage! Jeder Tag ist ein Fest!", sprudelte die Freude lachend heraus. „Ich würde dich gern einladen, doch glaube ich nicht, dass du dich wohlfühlen würdest. Wahrscheinlich gäbe es gar Reibereien mit den anderen Gästen." „Das ist möglich. Wer kommt denn?", wollte die kleine Traurigkeit wissen. „Ich habe meine besten Freunde eingeladen. Kennst du die drei, die auf den Gipfeln der Berge leben?" „Ja, der Liebe bin ich oft gefolgt, wenn sie einen Menschen verlassen hat. Auch das Glück und die Dankbarkeit sind mir nicht fremd. Ich sehe sie manchmal von weitem. Aber wir haben nicht viel miteinander zu tun. Es wird besser sein, wenn sie mich nicht bei dir antreffen, ich könnte die Stimmung bei euerm Fest trüben." „Das ist wahr. Aber vielleicht möchtest du später in Ruhe ein paar Reste von den Köstlichkeiten naschen. Wir werden nicht sehr lange hier sein, die Menschen rufen uns ohne Unterlass. Ich denke, dass wir spätestens zum Feierabend wieder ins Dorf müssen." Die kleine Traurigkeit zuckte mit den Schultern und stöhnte sehnsüchtig. Dann schlurfte sie nach Hause und goss mit ihren Tränen die Glockenblumen. Spät am Abend fiel ihr ein, dass sie den ganzen Tag noch nichts gegessen hatte und sie erinnerte sich an die Worte der Freude. ‚Es kann nicht schaden, wenn ich nachsehe, ob sie mir etwas übrig gelassen haben', dachte die kleine Traurigkeit und huschte zum Haus der Freude. Dort erlebte sie eine Überraschung, denn sie fand das Haus nicht leer vor. Die Gäste waren zwar aufgebrochen, aber die Freu-

de hatte so ausgelassen gefeiert, dass sie zu keinem Besuch im Dorf mehr fähig war. Ihr Kleid hatte sie flüchtig über einen Stuhl geworfen und sie selbst lag friedlich und tief schlafend in ihrem Federbett. Die kleine Traurigkeit naschte ein paar Häppchen und wollte sich hinausschleichen. Da schaute sie noch einmal zum Bett und merkte, dass die Freude sogar im Schlaf lächelte. ‚Nur einmal möchte ich sein wie sie, alle Menschen lieben sie', dachte die kleine Traurigkeit und erschrak sogleich über ihre dreisten Gedanken. Sie wandte sich schon zum Gehen, da blieb ihr Blick an dem Kleid hängen und wie ein Blitz schoss eine Idee in ihren Kopf. Ohne lange zu überlegen, streifte sie ihren grauen Kittel ab, griff nach dem duftigen Kleid und schon war sie hineingeschlüpft. Zuerst schüttelte sie sich vor Widerwillen, doch es dauerte nicht lange, da gewöhnte sie sich an die Rüschen und Schleifen, an den seidenweichen Stoff. Bald tat auch die Farbe ihren Augen nicht mehr weh. Die Freude hatte zu schnarchen begonnen und die kleine Traurigkeit war sicher, dass sie nicht so bald erwachen würde. Wie berauscht von ihrem neuen Gewand vergaß sie sich

selbst. Sie tanzte durch das Haus, durch den Garten und durchstreifte in ihrem Freudentaumel das ganze Tal. Die Wut kehrte gerade nach Hause zurück und schrie, dass die Kate wackelte: „Bist du völlig übergeschnappt? Ich kann so viel Frohsinn nicht ertragen! Geh mir aus den Augen, sonst fresse ich dich!" Die kleine Traurigkeit in ihrem fröhlichen Gewand lachte die Wut aus und machte so große Freudensprünge, dass sie fast über die Berge schauen konnte. Und schon war sie wieder da, die Sehnsucht nach dem Dorf und den Menschen. Wie leicht würde sie es haben, wenn sie als Freude daherkäme … ‚Soll die vergnügte Dame doch im Federbett ihren Freudenrausch ausschlafen', dachte die kleine Traurigkeit und war überzeugt, dass die Menschen sie heute in ihrer Tarnung nicht erkennen und mit offenen Armen empfangen würden. Sie beschloss, ihre Chance zu nutzen und gleich aufzubrechen. Weil sie aber fürchtete, der steile Aufstieg würde sie viel Zeit kosten, rief sie den Wind: „Komm, Wind! Bitte

trag mich über die Berge bis zum Dorf." Der Wind brauste heran und wunderte sich, wie schmächtig die sonst so füllige Freude geworden war. Er durchpustete ihr Kleid und kam schnell hinter den Schwindel. „Wenn das nur gut geht, kleine Traurigkeit. Aber ich will dir deinen Wunsch erfüllen und dich zu den Menschen bringen." Die kleine Traurigkeit schenkte dem Wind ihren schönsten traurigen Augenaufschlag, breitete die Arme aus und ließ sich von ihm tragen, bis zum Hof des Bauern. Dort fand sie eine unglückliche Bäuerin, einen ratlosen Knecht und Tiere, die vor Hunger kaum stehen konnten. „Bitte, Wind, trag mich ein Stück weiter, bis zur Stadt, damit ich den Bauern finde." Ehe sie sich versah, hatte sie der Wind in stürmischem Ritt in die Stadt gebracht und ließ sie sanft vor dem Gasthaus nieder. „Viel Erfolg, kleine Tr…ähm, liebe Freude. Hoffentlich kannst du den Bauern froh machen." Die kleine Traurigkeit blickte durch das Fenster in die Gaststube und sah den Bauern mit drei Männern am Tisch sitzen. Sie becherten wohl schon eine Weile, denn ihre Worte klangen holprig und laut. „Herr Wirt, eine Runde für das ganze Lokal!", rief der Bauer mit schwerer Zunge. „Keine Bange, ich bezahl alles! Ich verkauf den verdammten Hof. Nur Arbeit von früh bis spät, jahraus, jahrein – ich hab genug davon! Her mit dem Wein! Jetzt lass ich es mir gut gehen!" Weil er aber gar nicht glücklich aussah, überlegte die kleine Traurigkeit, wie sie ihm Freude verschaffen könne. Sie schlüpfte in die Gaststube, umgarnte den Musiker und zog ihn in die Nähe des Bauern. Der stierte den Geigenspieler an und begann ein Trinklied zu grölen. Nach ein paar Tönen stockte er und seine Miene wurde düster. Als die Geige auf liebliche Weise erklang, jagte er den Musikanten mit einer schroffen Handbewegung fort. ‚Vielleicht kann ein kleines Würfelspiel den Bauern erfreuen', überlegte die kleine Traurigkeit, als sie hörte, wie am Spieltisch gelacht wurde. Sie entdeckte einen freien Platz und lockte den Bauern dorthin. „Das ist jetzt genau das Richtige!", lallte der Bauer. „Ich spiel euch alle unter den Tisch, dann hab ich genug, um bis an mein Lebensende zu feiern." Er

spielte und zechte die ganze Nacht und die kleine Traurigkeit bemerkte nicht, dass sie in ihrem gestohlenen Kleid dem Bauern keine wahre Freude bringen konnte. Wie sie sich auch mühte, die Freude blieb ein Schein. Im Morgengrauen saß der Bauer mit trübem Blick allein in der Gaststube. Er hatte sein letztes Geld verspielt, keiner war mehr gut Freund mit ihm. In seinem Herzen fühlte er eine riesige Leere. „Ach, wenn ich nur ein wenig traurig sein könnte", flüsterte er, „danach würde vielleicht alles gut." Das konnte die kleine Traurigkeit allerdings nicht mehr hören, denn sie war schnell zurück ins Dorf geeilt. Fest überzeugt davon, dass sie in ihrem neuen Kleid möglichst vielen Menschen Freude bringen müsse, suchte sie die kleine Susanne. Die Sonne war aufgegangen und wollte gerade einen rosigen Schimmer auf alle Kinderbäckchen zaubern, da entdeckte sie das kleine Mädchen, das teilnahmslos in seinem Zimmer saß. Susanne, die jeden Morgen ihre Lieblingspuppe mit einem Lied geweckt hatte, nahm lustlos die neue Puppe, setzte sie auf das Spielzeugregal und blickte sie stumm an. Die Mutter war enttäuscht. Ein Berg Wäsche wartete auf sie, zum Spielen blieb keine Zeit. Deshalb schlug sie ihrer Tochter vor, noch ein anderes Spielzeug zu kaufen. Susanne nickte wortlos und beide gingen erneut in den Spielzeugladen. Die kleine Traurigkeit im Kleid der Freude schlich aufgeregt hinterher und war voller guter Vorsätze, das Mädchen fröhlich zu machen. Scheinbar gelang das auch. Susanne zeigte auf einen Bären, auf eine Puppenküche, auf einen Ball. Die Mutter wusste kaum, wie sie so viele Wünsche erfüllen sollte, doch sie wollte ihren kleinen Liebling wieder lachen hören. Als sie vollbepackt den Laden verließen, klang es tatsächlich so, aber es war nur ihr Mund, der lachte, nicht die Augen. Als sie später allein inmitten ihrer neuen Spielsachen saß, flüsterte sie: „Ach, meine Loni, wenn ich nur ein wenig traurig sein könnte, danach würde vielleicht alles gut." Der kleinen Traurigkeit hatte das Lachen vor der Ladentür genügt und mit stolz geschwellter Brust war sie gleich zur Bäckerei geeilt. Dort rang die Frau des Bäckers die

Hände, weil nichts gelingen wollte, und schimpfte: „Möchte wissen, wo er sich rumtreibt. Glaubt, er könnte seine Jugend zurückholen …" Der Sohn versuchte, knusprige Brote und saftigen Kuchen zu backen, aber die Arbeit ging ihm nicht von der Hand. „Wenn mir der Vater doch gezeigt hätte, wie er es macht. Wie leicht wäre es zu zweit", stöhnte er. Die kleine Traurigkeit musste weit reisen und lange suchen, ehe sie den Bäcker fand, aber sie hatte sich vorgenommen, ihn nach seinem schweren Arbeitsleben sehr froh zu machen. Eine ganze Woche lang lockte sie ihn zu allen Vergnügungen der Jugend, ließ ihn Nächte durchtanzen, Tage verschlafen und Freunde finden, die nichts anderes als Spaß oder gefährliche Mutproben im Sinn hatten. Sein armes Herz schlug oft so heftig, dass er glaubte, es werde gleich zerspringen. Trotzdem ließ er nicht davon ab, all das zu tun, was ihm so begehrenswert erschien. Die kleine Traurigkeit in ihrer Verkleidung beobachtete ihn und staunte, was sich der Bäcker alles zutraute. Wie viel Spaß er hatte! Sie freute sich. Ihr allein verdankte er all die aufregenden Erlebnisse. Nur etwas wunderte sie. Nie, seitdem er von zuhau-

se fort war, hatte sie sein Gesicht so zufrieden und liebevoll gesehen, wie vor dem Ofen in der Backstube. Als seine neuen Freunde beschlossen, eine hohe Felswand zu besteigen, bekam der Bäcker Zweifel. Aber er wollte nicht klein beigeben. Er sammelte all seine Kräfte und begann den schwierigen Aufstieg. Lange achtete er nicht auf sein hämmerndes Herz, doch kurz vor dem Gipfel versagten ihm die Beine ihren Dienst. Er schleppte sich zu einem Felsen, um auszuruhen und blickte hinab ins Land. Weit hinter dem Horizont lag das Dorf, sein Dorf. Was sie wohl gerade taten? Der Bäcker fühlte sich mit einem Mal ausgebrannt und leer. Seine angeblichen Freunde waren schon weit voraus, da sprach er mit tonloser Stimme: „Ach, wenn ich nur ein wenig traurig sein könnte, danach würde vielleicht alles gut."

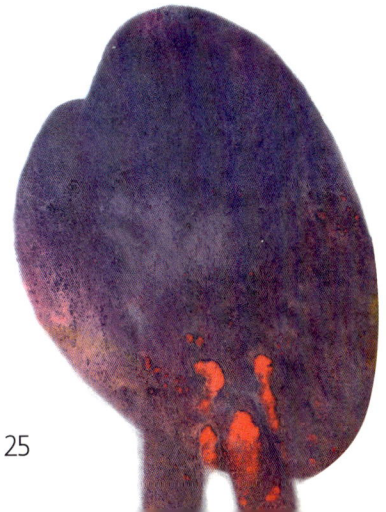

Die kleine Traurigkeit im fremden Kleid war längst auf dem Rückweg zum Dorf und überlegte, wen sie als nächstes erfreuen könnte. Kaum angekommen, schaute sie in einige Fenster und plante neue Überra-

schungen, da kamen ihr drei Gestalten fröhlich plaudernd entgegen. Als sie erkannte, wer die drei waren, wollte sie schnell kehrt machen, aber es war zu spät. „Liebe Freude, wie schön, dir zu begegnen!", rief die Liebe. „Was für ein Glück, dich hier zu treffen!", rief das Glück. „Ich bin so dankbar, dich zu sehen!", rief die Dankbarkeit. Alle drei kamen näher, um einen Plausch mit der Freude zu halten. „Wie wäre es mit einem Fest? Es gibt genug Gründe zu feiern! Aber ..." Die drei sahen sich verwundert an. „Sag mal, geht es dir nicht gut, du bist so schmal geworden. Freust du dich nicht mehr genug?" Der Wind, der die kleine Traurigkeit schon eine Weile begleitet und mit angesehen hatte, welch fragwürdige Freude sie den Menschen bereitete, konnte nicht länger stillhalten. Er sauste ärgerlich unter das Kleid, das ihr nicht gehörte, und wirbelte es in die Höhe. Die kleine Traurigkeit zitterte vor Kälte und versuchte, sich wieder zu bedecken, aber sie war längst erkannt worden. Ungläubig starrten die drei sie an. „Du bist es ...", rief das Glück, „was für ein Glück, dass wir es sind, die dich entlarvt haben." „Du kannst dankbar sein, dass wir es sind, die dich erwischt haben!", rief die Dankbarkeit. „Ich hab dich lieb, kleine Traurigkeit", sagte die Liebe und legte den Arm um sie. „Du bist manchmal in meiner Nähe, nicht wahr? Ich weiß, dass du den Menschen Gutes tun willst. Doch das kannst du nicht, wenn du das Kleid einer anderen trägst. Ich will dir helfen. Die Menschen sollen dich wieder achten."

Gemeinsam wanderten sie zurück in das Tal und die kleine Traurigkeit erzählte von all ihrer Mühe, die Menschen zu erfreuen. „Ich glaube, ich habe ihnen allerhand Freude gebracht", berichtete sie stolz. Aber sie musste sich belehren lassen. „Der Schein hat getrogen, meine Kleine", sagte mitfühlend die Liebe. „Die echte Freude sitzt im Herzen und leuchtet aus den Augen. Würfelspiel und Wein, Spielzeug und Abenteuer haben damit nichts zu tun. Aber das konntest du natürlich nicht wissen." Die kleine Traurigkeit wisperte kleinlaut: „Ich will der Freude das Kleid zurückbringen. Hoffentlich verzeiht sie

mir. Was wird sie nur getan haben – sieben Tage ohne ihr Kleid? Es ist mir schrecklich peinlich, sie ist jedes Mal so gastfreundlich zu mir. Ich wünschte, sie würde immer noch schlafen." Aber nein, schon von weitem hörten sie es trällern und als sie ins Häuschen kamen, fanden sie die Freude strahlend in ihrem Bett sitzen, das dicke Federbett bis über die Schultern gezogen. „Das wurde aber Zeit", rief sie fröhlich. „Wer wollte mir nur solch einen lustigen Streich spielen?" "Ich war das", flüsterte die kleine Traurigkeit, „und ich schäme mich dafür." Sie bekam feuchte Augen und suchte nach einem Taschentuch. „Hier, nimm meins, es sind nur ein paar Freudentränen darin", sagte die Freude und sprang gut gelaunt aus dem Bett. „Sei so freundlich und reich mir mein Kleid. Endlich kann ich das Bett verlassen! Ich konnte mich doch nicht unbekleidet sehen lassen. Und deinen grauen Kittel anzuziehen, das hab ich nicht über mich gebracht. Wahrscheinlich hätte ich sowieso nicht hineingepasst." Die kleine Traurigkeit war erleichtert, dass die Freude nicht auf die Idee kam, die Wut zu rufen, um sie zu bestrafen. „Ich werde deine Blumen gießen, wenn du unterwegs bist. Das freut dich bestimmt", schlug die kleine Traurigkeit vor. „Willst du dir solche Arbeit machen? Das brauchst du nicht, Kleines", antwortete die Freude. „Doch, es macht mir keine Mühe. Ich weine gern ein bisschen in den Abendstunden", versicherte die kleine Traurigkeit. „Nun lass uns noch einmal zu den Menschen gehen und sehen, ob sie dich nicht wieder ein Weilchen bei sich haben wollen. Ich glaube, du wirst ihnen gut tun", sagte liebevoll die Liebe und nahm die kleine Traurigkeit bei der Hand. Zuerst besuchten sie den Bauern. Er war zwar aus der Stadt nach Hause zurückgekehrt, aber sein Blick war leer und sein Herz voller Kälte. Er saß am Feldrand unter einem Baum und hatte den Kopf in die Hände gestützt. Die Liebe ermutigte die kleine Traurigkeit: „Geh, setz dich zu ihm, nimm seine Hand." Sie ging Schritt für Schritt näher und ließ sich neben ihm nieder. Der Bauer seufzte wie so oft in den letzten Stunden: „Ach, wenn ich nur ein wenig traurig sein könnte …" „Ich bin da,

spürst du es nicht?", flüsterte die kleine Traurigkeit. Da erfasste den starken Mann ein tiefes Gefühl von Traurigkeit, es wurde eng in seinem Hals, er schluckte und schluckte, dann bebten seine Schultern und endlich ließ er seinen Tränen freien Lauf. Tröstend strich die kleine Traurigkeit über seine Hand und hielt sie fest. Der Bauer weinte sich seinen Kummer von der Seele und die Tränen schwemmten alles fort, was ihm wie ein Stein auf der Brust gelegen hatte. Er saß da, ohne sich zu rühren. Sein Atem wurde ruhiger und sein Herz friedlich. Er hob den Kopf und sah seinen Acker und die Wiesen und spürte langsam eine neue Kraft in sich wachsen. Er war in den besten Jahren und er war gesund. Er würde sich nicht durch einen Hagelschauer klein kriegen lassen. Die Tiere brauchten ihn, und seine Familie erst recht. Leise war die kleine Traurigkeit aufgestanden, hatte zum Abschied seine Hand gedrückt und war traurig summend davon gegangen. Aus der Ferne näherte sich eine lichte Gestalt. „Das hast du gut gemacht", sagte die Liebe, als die kleine Traurigkeit fragend in ihr Gesicht schaute. „Lass uns weitergehen. Wir wollen sehen, was die kleine Susanne macht." Das Mädchen saß zwischen ihren Spielsachen und zog die neue Puppe lieblos aus und wieder an. „Du bist hübsch", sagte sie zu ihr, „aber du kennst mich nicht. Meine Loni weiß alles von mir." Die kleine Traurigkeit schlich sich heran, hockte sich neben sie und wiegte sie sanft in ihrem Arm. Es dauerte gar nicht lange, da kullerten die Tränen und tropften wie Perlen von den Wangen des traurigen Mädchens. Es schluchzte so laut, dass die Mutter besorgt ins Zimmer kam um nachzusehen. „Du vermisst deine Loni, nicht wahr?", fragte sie mitfühlend. „Wie konnte ich nur annehmen, dass sie sich einfach austauschen lässt. Komm, lass uns auf alle Plätze gehen, an denen du mit ihr gespielt hast und alle Wege absuchen, ob wir sie nicht wiederfinden." Die kleine Susanne blickte ihre Mutter dankbar an, wischte die Tränen mit ihrem Ärmel aus dem Gesicht und erklärte ihrem neuen Spielzeug: „Ich suche jetzt meine Loni und falls ich sie finde, dann bringe ich euch zurück in den Laden

und ihr bekommt bald ein neues zuhause. Und falls nicht ..., dann werden wir uns miteinander bekannt machen." Die kleine Traurigkeit hatte ihre Pflicht getan und fühlte sich so wohl wie an einem trüben Novembertag. Sie summte ihr Lieblingslied und blickte den beiden zufrieden nach. Eine lichte Gestalt huschte hinter ihnen her. ‚Wie gut', dachte die kleine Traurigkeit, ‚die Hoffnung hat sie schon eingeholt.'
Die Liebe strahlte sie an und sagte: „Wunderbar hast du das gemacht. Wie es wohl dem alten Bäcker geht? Hast du Lust, auch ihn zu besuchen?" „Auf jeden Fall!", erklärte die kleine Traurigkeit, „ich hoffe nur, dass er sich bei seinen Abenteuern nicht überanstrengt hat." Sie begegneten ihm, als er bereits auf dem Heimweg war. Aber er sah nicht aus, als hätte er in der Ferne seine Jugend gefunden. Seine Schultern waren gebeugt und die Augen wanderten ruhelos hin und her. ‚Was wird geschehen, wenn ich zuhause bin?', überlegte er und seine Schritte wurden langsamer. ‚Werden sie mich wieder aufnehmen? Wer braucht einen alten Mann, der seine Arbeit nicht mehr schafft? Ach, wenn ich nur ein

wenig traurig sein könnte ...' Als er sich seiner Bäckerei näherte, erschrak er über sich selbst. Kein Gefühl wollte in ihm aufsteigen, keine Freude über die Heimkehr, nichts. Sein Herz war kalt und hart wie ein Stein. Lange stand er im Schatten einer Mauer und sah zu dem Licht in der Backstube hinüber. Dann erkannte er den Umriss seines Sohnes am Fenster. ‚Ob ich einen Blick hineinwerfe?', fragte er sich, ‚Danach werde ich wieder verschwinden. Ich gehöre hier nicht mehr hin.' Die kleine Traurigkeit näherte sich auf Zehenspitzen und schob ihn vorsichtig immer näher an das Fenster heran. Als er hinein schaute, legte sie ihm behutsam die Arme um die Schultern und summte eine Melodie, die war so wehmütig und so schön, dass sich in seinem Herzen etwas zu regen begann. Aus dem Fenster drang der verlockende Duft von frischem Brot, er hörte die vertrauten Geräusche, das Klappern der Schüsseln, die Stimmen der Menschen, die ihn vermissten. Wie ein graues Tuch legte sich Traurigkeit um ihn und

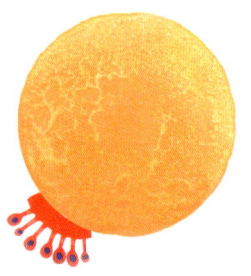

hüllte ihn völlig ein. Er stand an die Wand gelehnt und weinte stumm und die Tränen liefen in Bächen über seine Wangen und wollten nicht versiegen. Die Tür zur Backstube ging auf und seine Frau kam auf ihn zu. Ohne ein Wort zog sie ihn hinein, drückte ihn auf die Bank und setzte sich neben ihn. Verschämt wollte er sich abwenden und rieb sich die Augen, da lehnte sie sich an ihn und sagte: „Sei nur ein wenig traurig. Lass die Traurigkeit in dein Herz, dann wird sie von selbst wieder gehen. Du wirst sehen." Der Bäcker saß unbeweglich auf der Bank und fühlte seine Glieder schwer und sein Herz ruhiger werden. Dann bemerkte er, dass er schon seit einer Weile seinen Sohn bei der Arbeit beobachtete. „Er ist ein bisschen wie du", hörte er seine Frau flüstern, „und ein bisschen wie ich und vor allem er selbst. Schenk ihm dein Vertrauen und hilf ihm." Unsicher sah der Bäcker seine Frau an, dann spürte er den Blick seines Sohnes auf sich ruhen und schaute ihm in die Augen. Die kleine Traurigkeit war aufgestanden und hatte sich zum Gehen gewandt, weil sie durch den Türspalt einen hellen Schimmer entdeckt hatte. Sie ließ die Hoffnung ein und wollte sich gerade von ihr verabschieden, da tauchten drei neugierige Gesichter an der Fensterscheibe auf. „Die drei können es wohl nicht erwarten", sagte die Hoffnung schmunzelnd und schob die kleine Traurigkeit zur Tür hinaus. Dort wurde sie jubelnd empfangen. „Die Menschen brauchen dich wieder! Ist das nicht schön?", rief die Liebe und umarmte die kleine Traurigkeit innig. „Ich bin so dankbar!", rief die Dankbarkeit. „Was für ein Glückstag!", rief das Glück und sie tanzten zu dritt um die kleine Traurigkeit. „Nicht so wild!", rief diese. „Das kann ich wirklich nicht vertragen." „Lasst uns hineingehen", schlug das Glück eifrig vor. „Wollen wir nicht auf die Freude warten? Wo bleibt sie nur?", sagte die Dankbarkeit und schaute sich um. „Sie ist sehr beschäftigt", antwortete die Liebe. „Schließlich muss sie alles nachholen, was sie nicht geschafft hat, als sie tagelang im Bett auf ihr Kleid gewartet hat. Außerdem glaube ich, dass es ein Weilchen dauert, ehe sie hier gebraucht wird. Auch wir drei sollten nichts überstürzen.

Kommt, lassen wir heute die Hoffnung ihre Arbeit tun, begleiten wir lieber die kleine Traurigkeit nach Hause."

Sie machten sich auf den Weg und unterhielten sich so angeregt, dass sie kaum merkten, wie schnell sie die Berggipfel erreicht hatten. Die kleine Traurigkeit schaute in ihr Tal hinab und fühlte sich so wohl wie lange nicht. Als sie in der Ferne die kleine graue Regenwolke über ihrer Hütte entdeckte, sagte sie: „Bleibt nur hier oben, ihr seid hier zuhause. Ich gehe das letzte Stück gern allein." Sie verabschiedete sich vom Glück, von der Dankbarkeit und von der Liebe und machte sich schlurfend und mit hängenden Schultern an den langen Abstieg. Bald erschien der Abendstern, begleitete sie ein Stück und nahm Anteil an ihrem Erfolg. „Wie gut, dass du das Herz des Bäckers erreicht hast, kleine Traurigkeit", rief er und beleuchtete den steinigen Pfad. Im Tal angekommen, hatte sich die Nacht bereits verzogen und der junge Morgen lief ihr über den Weg. Er staunte: „Was man von dir alles hört, kleine Traurigkeit … Gratulation, das hast du gut gemacht! Es ist nur schade, dass mich die Hoffnung heute nicht begleiten kann. Sie ist noch gar nicht heimgekehrt." Die kleine Traurigkeit lief durch das Tal, vorbei am geschmückten Torbogen der Freude und am schwarzen Loch der Verzweiflung. Die Wut und der Hass hatten sich wohl gehörig ausgetobt und brauchten Erholung, denn es war ungewöhnlich ruhig in ihren Behausungen. Die Begeisterung hatte in der Zwischenzeit das ganze Häuschen renoviert und den Zaun frisch gestrichen. Die kleine Traurigkeit warf nur einen kurzen Blick hinüber, schüttelte sich und eilte weiter, denn die Sehnsucht nach ihrem Heim mit den tristen Wänden wurde immer größer. Die Glockenblumen begrüßten sie mit traurigem Gebimmel und die kleine graue Regenwolke vergoss einen stürmischen Begrüßungsschauer. Jetzt, nachdem ihr Wunsch, die Menschen zu besuchen, in Erfüllung gegangen war, fand sie es hier noch einmal so schön. Die Mittagssonne lugte vorsichtig hinter der Wolke hervor und beglückwünschte die kleine Traurigkeit zu ihrem Erfolg, dann verzog sie sich schnell, um im schattigen Pa-

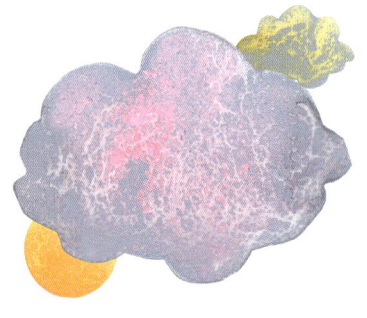

radies nicht zu stören. Erschöpft von ihren Abenteuern und zufrieden, dass sie den Menschen hatte helfen können, fiel die kleine Traurigkeit in einen tiefen Schlaf. Am nächsten Tag schlenderte sie durch das Tal und summte eine Melodie, die so unendlich schön und traurig war, dass die Freude, die inzwischen heimgekehrt war, in ihrem Tanz innehielt und lauschte. Die Begeisterung unterbrach ihre Bastelarbeit und fädelte die schönsten Töne auf eine Leine in ihrem Garten. Der Hass vergaß für einen Augenblick seine Glut zu schüren. Sogar die Wut, die gerade schimpfend ihr Haus verließ, blieb verwundert stehen, horchte und schloss behutsam die Tür. Nur die Verzweiflung hielt sich die Ohren zu und stöhnte schauerlich, aber sie war so schwach, dass ihr Wehklagen in der Tiefe verklang. Die Hoffnung wiegte sich sanft zu den innigen Tönen und tanzte mit leichten Schritten der kleinen Traurigkeit hinterher.

Hier endet die Geschichte, die sich in dem Tal und dem Dorf hinter den schroffen Bergen zugetragen hat. Und wenn du jemanden kennst, der glaubt, dass es nicht gut wäre, manchmal ein wenig traurig zu sein, dann kannst es ihm ja erzählen – das Märchen von der kleinen Traurigkeit.

Eva Mutscher (geboren 1964) ist ein durch und durch musikalischer Mensch. Eigentlich halten sie ihre vielen Aufgaben in Garten, Haus und Handwerksbetrieb ziemlich in Schwung. Doch manchmal findet sie auch Muße, nimmt sich die Zeit und widmet sich ihrem Schlagzeug. Dann gibt sie sich ganz dem Rhythmus hin. Ganz anders geht es ihr beim Schreiben: Da sucht sie bewusst die Stille, um das in Worte zu kleiden, was in ihr klingt. Es sind märchenhafte Erzählungen, die lange Zeit zum Reifen brauchen und in denen zarte Töne zum Schwingen kommen. Vom Geheimnis der kleinen Traurigkeit ist ihr Debüt im Verlag am Eschbach.

Die Illustrationen zu dieser Geschichte hat **Barbara Trapp** geschaffen.
Schon früh entdeckte Barbara Trapp ihre Leidenschaft für die Malerei und ging bald nach dem Abitur zum Kunststudium an die renommierte „Burg Giebichenstein" in Halle an der Saale. Hier wurde sie in einem umfassenden Studium vielseitig ausgebildet. Nach einigen Jahren im Modebereich wechselte sie an die Hochschule der Künste Berlin. Über verschlungene Wege gelangte sie dann ins Markgräflerland, gründete dort ein eigenes Kunstatelier und entwickelte sehr feine und ganz eigene Maltechniken. Heute lebt und wohnt sie in unmittelbarer Nachbarschaft zum Verlag am Eschbach. Neben ihrer freien künstlerischen Tätigkeit widmet sie sich insbesondere der Buchillustration.
Einen vielfältigen Eindruck erhalten Sie unter www.bt-kunst.de.

....

Bibliographische Information der Deutschen Nationalbibliothek:
Die Deutsche Nationalbibliothek verzeichnet diese Publikation in der Deutschen Nationalbibliographie; detaillierte Daten sind im Internet über http://dnb.d-nb.de abrufbar.

....

ISBN 978-3-86917-205-7
© 2013 Verlag am Eschbach der Schwabenverlag AG
Im Alten Rathaus/Hauptstr. 37
D-79427 Eschbach/Markgräflerland
Alle Rechte vorbehalten.

www.verlag-am-eschbach.de

Gestaltung, Satz und Repro: Finken & Bumiller, Stuttgart.
Schriftvorlagen: Ulli Wunsch, Wehr.
Herstellung: Druckwerke Reichenbach, Reichenbach/Vgtld.

Dieser Baum steht für klimaneutrale Produktion, umweltschonende Ressourcenverwendung, individuelle Handarbeit und sorgfältige Herstellung.